Quint Buchholz
Am Wasser

Quint Buchholz

Am Wasser
Bilder

Mit Texten von
Johanna und Martin Walser

Sanssouci

1 2 3 4 5 04 03 02 01 00

ISBN 3-7254-1170-0
© Sanssouci im Verlag Nagel & Kimche, Zürich 2000
Satz: Satz für Satz. Barbara Reischmann, Leutkirch
Lithos: Brend'amour, München
Druck und Bindung: Franz Spiegel Buch GmbH, Ulm
Printed in Germany

Wir sitzen am Wasser, am Meer oder an einem See. Es ist schwierig, die dünne Naht auszumachen, die Himmel und Wasser verbindet. Und während wir noch selbstvergessen oder angestrengt über die glatte Fläche schauen, um den Winkel zu sehen, den die beiden Elemente bilden müssen, fahren Boote mit eigentümlicher Fracht und sonderbarer Besatzung durch unser Blickfeld. Der Spiegel, der die Welt verdoppelte, bricht, das Wasser beginnt zu tanzen, die Idylle verwandelt sich.

Quint Buchholz zeigt auf seinen Wasserbildern den Augenblick, bevor sich die Welt verändert. Es sind trügerische Idyllen, die vor Glück oder vor Angst vibrieren, vor dem Umschlag in einen anderen Zustand. Was lag also näher, als Johanna und Martin Walser zu bitten, den Bildern einen Text zu unterlegen? Beide leben am Bodensee, das ruhige und das tolle Wasser vor Augen, beide sind Experten für das Zwischenreich, das sich zwischen Vernunft und Imagination ausdehnt.

Nach dem »BuchBilderBuch«, in dem fünfzig Autoren zu den Bildern von Quint Buchholz die Suche des Buches nach seiner Geschichte beschrieben haben, folgt nun die Geschichte des Wassers: eine im wahrsten Sinne des Wortes aufregende und berührende, auf jeden Fall aber bezaubernde Unterrichtsstunde für die Augen.

München, im Winter 1999   Michael Krüger

Die Freude am Unvorhersehbaren, Kreativen, wie aus einem Moment plötzlich entstehenden Chaotischen. Das Chaos als auch eine Art Ordnung.

Musizierende Fahrt

Das Musizieren kam mir vor wie ein Schiff, in dem alle Musizierenden geborgen waren, während sie ausgesetzt im unendlichen Meer und jeder Art von Ungewißheit, langsam dahin fuhren. Musizierende Fahrt, eine Geborgenheit mitten in der Ungeborgenheit.

Nicht hinaussehen über den Rand des Glücks, das wäre Glück.

Einer meiner Freunde war ein Führer. Auch mich wollte er führen. Ständig, überallhin. Ich war dies gar nicht gewöhnt. Überallhin war ich selbst gekommen. Er wollte mich ins Nebenzimmer führen. Ich wollte nicht mit. Ich wollte woanders hin. Ich ging selbst spazieren. Überall. Er fand heraus, daß er mich nicht führen mußte. Ich führte mich selbst, wie er sich selbst führte. Wenn er führen wollte, wollte er nur geführt werden durch den, den er führte. Wir einigten uns, einander nicht zu führen, sondern gemeinsam miteinander hinzugehen, wo wir beide hinwollten, und wo es schön war.

Haltung zeigen. Niemand schaut zu.

Durch seine Sprache ist er vor der Wirklichkeit sicher. Ihm kann nichts Wirkliches widersprechen. Nur etwas in seiner Sprache. Und das kann er widerlegen. In seiner Sprache. Davon lebt er.

Schwimmen heißt glauben, daß man es kann.

Ich werde die Folgen dessen, was ich jetzt tue, nicht ertragen.

Für den Fall, daß es jemanden gäbe, der glauben würde, ich habe Feinde, ließ ich alle Vorstellungen dieser Art, von wem immer sie sein mögen, verschwinden. Für alle Fälle.

Auch für alle, die glauben könnten, sie seien meine Feinde, ließ ich diese Art Irrglauben schnell verschwinden.

Für den Fall, daß es solche gäbe, die es nicht gibt.

Ich sandte diesen Nichtvorhandenen für alle Fälle die freudige Nachricht, daß ich ihren Irrglauben verschwinden habe lassen. Für den Fall, der nicht eintrifft, daß es sie irgendwann einmal gäbe.

Gerede der Menschen, saust auf den, die herab,
gibt es einen, der sicher ist?
Wenn wir miteinander statt übereinander sprächen?

Immer draußen der Schwan, der vorbeizieht. Das Leben näher kommend ein Regen aus Dreck. Besäuft sich, besäuft sich und geht nicht unter, der Schwan, im Regen aus Dreck und Alkohol.

Ein Mann wollte sich vor Frauen ängstigen, öffentlich, er probierte angstvolle Blicke vor dem Spiegel. Die Frauen waren erstaunt. Sie wußten gar nicht, was ihm fehlte. Da sie ihn nicht ängstigen wollten, mieden sie ihn lieber, um ihn zu schonen. Sie hörten nur, er habe vor, sich bis in die Ewigkeit vor Frauen zu ängstigen. Er hatte die fürchterliche Vorstellung, unwiderstehlich zu sein. Niemand konnte sie ihm ausreden. Trotz aller Bemühungen.

Als ich die Allee entlangging, hatte ich auf einmal den Eindruck, von fern, vom äußersten Ende der Allee komme mir eine Unbekannte entgegen. Sie wiegte sich in ihrem Schritt, immer blieb sie fern, als komme sie, gehend, nie voran. Ich wußte, daß sie nur eine Vorstellung von mir war, und war doch glücklich, sie immerzu auf mich zukommen zu sehen.

Ich wünschte, ich hätte viele Sprachen, eine, in der ich nur mit mir selbst reden könnte, die niemand verstünde außer mir, und viele andere Sprachen, in denen ich mit Menschen aus ganz verschiedenen Ländern sprechen könnte.

Jemand gestand, daß manche Persönlichkeiten und er selbst auch eine böse Figur in einer Geschichte entdeckt hätten. Niemand hatte es geahnt. Es seien manche sogar bereit, auf der ganzen Welt zu suchen, ob es diese Figur vielleicht auch noch in Wirklichkeit gebe, außerhalb der Literatur. Wie viele Figuren gebe es vielleicht zusätzlich noch in Wirklichkeit. Die, die man schon immer gesucht habe. Warum ist nicht die Person neben ihnen im Publikum im Theater die Figur auf der Bühne im Stück, das gerade gespielt wird?

Wer kann beweisen, daß es nicht so ist? Alle Zuschauer sind hochverdächtig, alle Menschen überhaupt. Zwar läßt sich feststellen, daß jede Figur von allen realen Menschen verschieden ist und von allen anderen Figuren auch. Nach Leibniz. Er hatte ein einfaches Verfahren. Nie stimmte alles. Etwas war immer verschieden. Fast alles. Durch Worte Erschaffene waren nie die, die es gab, gibt, geben wird. Die Sprache, und was sie hervorbrachte, war verschieden von dem, was es gab, gibt, geben wird. Dies heiße für manche wiederum, die Personen, die es gibt, seien noch fürchterlicher. In diesem Fall könnten die Erfinder des Fürchterlichen sogar von den Figuren lernen, weniger fürchterliche Personen zu erfinden.

Wo war Dornröschen? Und Hans im Glück? Sterntaler? Wie konnten sie gefunden werden? Und der Froschkönig? Und Till Eulenspiegel? Gott sei Dank gab es das Märchen- und Sagenbuch. Dort waren und blieben sie, so mußten sie nicht vermißt werden. Ein Zettel hing an einem Baum im Park: Ich suche Sterntaler. Wer kann mir sagen, wo sie ist? Selbst Privatdetektive hatten keinen Erfolg. Nirgends konnten sie sie finden. Ob sie sich vielleicht im Inneren jedes Einzelnen verberge, mutmaßten die Psychologen. Zusätzlich zu allen anderen erfundenen Figuren aller Bücher.

Ein Kleid hängt im Schrank, das sie
erst tragen würde, wenn ein Engel
käme. Es schimmert im Schrank vor
sich hin, schimmert davon, wie es wäre, käme er. Da er nie kommen wird,
verschimmert es im Schrank.

Nicht was ich verberge, gebe ich preis, nur, daß ich etwas verberge. Was das dann ist, ist allerdings jeweils ganz leicht zu erschließen.

Mir schien, als ob der Stern, den ich anschaute, mich verstünde, wir hatten eine Sprache füreinander.

Zum Glück versink ich jetzt im Unglück. Das gibt mir eine Würde, auf die ich keinen Anspruch gehabt hatte.

Ein paar Leute wollten, daß ich ihnen etwas wegnähme. Um sie fröhlich zu stimmen, wandte ich meine ganzen Fähigkeiten an, ihnen gekonnt und geschickt was wegzunehmen. Spontan. Es war etwas besonders Schönes. Großes. Sie schienen sehr zufrieden. Meine Freunde waren nicht alle zufrieden. Manche sahen mich ernst an, ich wußte nicht, was das bedeutete, andere sahen froh aus, als sie es erfuhren. Plötzlich wurden die Leute böse, die zuerst gewünscht hatten, daß ich ihnen etwas wegnehme. Sie waren wie umgewandelt, wie ausgetauscht. So sind manche nie zufrieden, wenn ich manche ihrer Wünsche erfülle. Seitdem sahen mich manche mürrisch an, immer wieder wurden sie wütend auf mich. Ich hatte mir so große Mühe gegeben. Ich hatte die große Reifeprüfung bestanden, ihnen etwas wegnehmen zu können, wann immer sie es wünschten. Sie hatten mich geprüft, ich hatte bestanden. Vielleicht bereuten sie plötzlich ihren früheren Wunsch. Es war wirklich etwas sehr Schönes, was sie so mir überließen. Und sehr groß. Ich überlegte schon, ob ich es in ihr Haus zurückschmuggeln solle. Scheinbar hatten sie nicht erwartet, daß ich so große Fähigkeiten habe, mir Schönes, Großes zu nehmen. Das hatte ich nicht geahnt. Immer wieder ging ich an ihrem Garten vorüber, um zu prüfen, wie ich, was ich ihnen weggenommen hatte, wieder in den Garten brächte. Zum Glück war immer jemand auf der Straße, ich konnte es einfach nicht wagen, das Schöne über den Gartenzaun zu werfen, zurückzubringen. Es wäre zu gewagt gewesen. Vielleicht wären sie selbst sogar gerade gekommen. Ich weiß nicht, wie sie darauf reagiert hätten, da sie ja schon wütend waren. Zur Sicherheit behielt ich, was sie loswerden hatten wollen. Allerdings hielt ich es in ihrer Gegenwart, wenn sie vorüberkamen, so lose in der Hand, daß sie es im Vorübergehen mir einfach wieder aus der Hand hätten nehmen können. Wenn sie es hätten wollen. Aber – sie wollten nicht. Es war ihnen angenehmer, mich wütend anzublicken. Sie wollten einfach einen Grund haben, wütend sein zu dürfen. Ich hatte ihn für sie geschaffen. Endlich durften sie zornig sein und mürrisch. Aber vielleicht wären sie noch wütender, wenn ich ihnen diesen Grund nähme und das Geschenk zurückbrächte. Vielleicht wünschten sie, daß ich ihnen diesen Wunsch erfüllte. Keinen Grund zu haben zum Zornigwerden ist ein großer Grund zum Zornigwerden. Daher erfüllte ich ihnen lieber solche Wünsche nicht mehr. Und riet allen, niemandem mehr etwas wegzunehmen, auch wenn jemand noch so darum bettelt. Seid lieber hart und mitleidlos. Sie finden auch so schon Gründe zum Zornig werden. Es mangelt nie an solchen. Jeder ist selbst klug genug, sie zu erfinden, wenn er will. Wie die Polizei!

Ich habe mir den Mund zugenäht mit Freundlichkeit und Haß.

Das Erstaunlichste: daß ein solcher
Sturm sich legen kann.

Prüfer und Prüferinnen

Sie suchten Prüflinge. Sie hielten mich für einen. Es war
aber ein Mißverständnis. Ich machte die Prüfungen einfach nicht. Ich ließ sie untereinander einander prüfen, denn
sie alle wollten prüfen. Sie paßten zusammen als Prüfer. Sie
konnten einander abwechseln.

Ich traf einen Königssohn, er war in Wirklichkeit ein Bettler. Er trug eine Krone und eine Schleppe, damit niemand es merkte. Ich stellte ihn überall vor als Königssohn, wohin wir kamen. Ich hatte die Schleppe genäht. Sie war schwer. Daher trug ich sie, damit er es leichter habe. Er hatte auch andere Freundinnen vor mir, ich andere Freunde. Aber sie konnten unsere Freundinnen und Freunde bleiben. Freundschaften schließen einander nicht aus. Eine Freundschaft bricht nicht ab, nur weil eine andere anfängt. Ich konnte diese Logik der Abschiede nicht wählen. Sie hatten alle eigene Königreiche, waren keine Konkurrenz füreinander. Jeder hatte seine Schleppe und seine Schleppenträgerin.

Aber wie wäre es mit der Erforschung der Pflanzen? Eine unendliche Freude, die Pflanzen zu erforschen. Wir wünschen sie Ihnen auch. Denn wir lieben diese Beschäftigung. Auch führen können Sie die Pflanzen, indem Sie sie einmal am Tag gießen zum Beispiel. Sie können Ihnen auch Befehle erteilen. Sie reagieren gelassen, freundlich, blühend. Sie brauchen nie zu gehorchen, denn sie tun nur Sinnvolles. Wenn Sie Tag und Nacht auf sie einreden, sie sind still. Alle Ihre wichtigen Informationen können Sie auch Pflanzen erzählen. Besser freilich, Sie erzählen alles sich selbst und befehligen sich selbst. Auch die Pflanzen würden es vorziehen.

Warum habe ich mich nicht rechtzeitig in einen Baum verwandelt. Auch Wasser hätte ich werden können. Fort und fort fließend. Oder eben, am ehesten, ein Stein.

Das Unerreichbare der Harmonie, denn Harmonie wäre nur, was sie ist, als Allumfassende, alles Durchdringende, und die Sehnsucht nach Harmonie in der Disharmonie.

Der Piaget geht ja davon aus, daß Reflexe das Grundmuster des Denkens sind.

Er spähte mit Fernrohren, ob irgendwo
auf der Erde ein Vergißmeinnicht wüchse.

Merkt ihr jetzt, daß ihr zusammenhalten müßt.

Alles Gute. Vielen Dank für alles.

Ich finde es auch unanständig, sich unglücklich zu fühlen in einer so schönen Welt.

Wie viele verschiedene Möglichkeiten es gab, sich mit Bildern auseinanderzusetzen. Jemand konnte wählen, sie nur zu betrachten und nichts zu erfinden und nur zu spüren, daß Worte das, was ein Bild vermittelt, nicht genau wiedergeben können, sie können aber ein Spiel mit ihm eröffnen. Die Regeln des Spiels können verschieden sein. Der Betrachter oder die Betrachterin kann sie erschaffen.

Wenn man zuerst die Kopie kennenlernt, leidet nachher das Original darunter.

Man lebt ja um so weniger, je undeutlicher man sich ist.

So kann man sich täuschen.

Ganz leer und nicht kalt, freundlich wartend, daß etwas zurückkehre, Gegenstände oder Kraft, eine Bestimmtheit, die sich spüren ließe.

Wasser, sing, in dir wohnt und ist zu wecken der Laut.

Nachts kapituliert man.

Man sollte sich verscheuchen.

Er pflegte das Verhältnis zu sich selbst. Er vernachlässigte sich nicht. Wenn er den Menschen erforschen wollte, erforschte er sich selbst. So fand er alles über ihn heraus, was er nur herausfinden konnte. Er konnte sich selbst beobachten, belauschen, sich selbst deuten und sich ausmalen.

Alles fand er in sich selbst, was Menschen waren.

Auch sprechen konnte er zu sich selbst und zugleich dabei erfahren, wie es ist, Sprechender und Angesprochener zu sein. Zu jeder Tages- und Nachtzeit konnte er das. Mehr konnte er nicht erfahren als so. Wenn er andere irgendwohin führen wollte, führte er sich selbst dorthin.

Mußte er den Teufel kennenlernen, versuchte er sich selbst. Er konnte auch mit sich selbst sein ganzes Leben Experimente machen, es wurde nie uninteressant. Er konnte ganze Bände über sich verfassen. Er konnte die Filme, die er gedreht hatte, sich selbst ansehen und genau herausfinden, warum sie für ihn persönlich wichtig waren und was sie mit ihm zu tun hatten. Er brauchte niemand anderen dazu.

Er wurde regelrecht beauftragt, sich selbst zu führen, Tag und Nacht und für immer und überall.

Einen größeren Führer gibt es gar nicht als diesen großen: Führer seiner selbst. Es ist der größte Sieg und Erfolg. Jeder und jede konnte sich selbst führen. Auch Frauen und Mädchen. Sie fanden alle ihren Weg. Zum Glück einen glücklichen ins Glück.

Eine Nebenfigur entwickelt sich zur Hauptfigur.

Wie eine Frau verliert, wenn sie einen ganz bestimmten Mann hat. Richtig beschmutzt ist sie dadurch. Komödie.

Nicht ermüden. Wenn alles
endlich ist, ist auch
die Sinnlosigkeit endlich.

Das Glück der Gelenke
beim Vorwärtsgehen.
Muskeln melden,
daß sie sich erleben.

In diesem Jahr bin ich älter geworden als je zuvor.

Wir leben in einem Palast der Klänge.

No sooner I got this and this, that and that happened.

Was allein am Himmel geschieht.

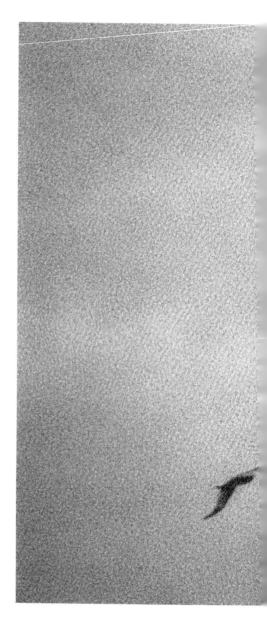

Möwen sprühen in den Himmel, ihre Schreie, Feuerstreifen, schnellen ins Tiefe des Himmels, stürmen die Grenze, prallen ab, fallen, verhallen in Bögen.

Unterwegs als Idealist und Pelztierjäger.

Lieblinge kommen zu Dir, wo immer Du bist. Und der Liebste bleibt.

Quint Buchholz, 1957 in Stolberg geboren, lebt in Ottobrunn bei München. Seine Bilderbücher und Buchumschläge sind auf der ganzen Welt verbreitet. Bei Hanser erschien zuletzt sein Buch »Der Sammler der Augenblicke« (1997), bei Sanssouci 1997 das »BuchBilderBuch«.

Johanna Walser, 1957 in Ulm geboren, lebt in Nußdorf am Bodensee. Von ihr erschien zuletzt der Prosaband »Versuch, da zu sein« bei S. Fischer in Frankfurt.

Martin Walser, 1927 in Wasserburg geboren, lebt in Nußdorf am Bodensee. Er veröffentlichte zuletzt einen Roman über seine Jugend, »Ein springender Brunnen«, bei Suhrkamp in Frankfurt.